Ana Serna Vara

Juegos para viajes y días de lluvia

sm

A mis padres, mis primeros compañeros de juegos

Colección dirigida por María Castillo

Diseño de cubierta: *Alfonso Ruano, Sofía Balzola, Maritxu Eizaguirre*

Fotografía de cubierta: *Carol Whaley / PHOTONICA-COVER*

Comercializa: CESMA, SA - Aguacate, 43 - 28044 Madrid

ISBN: 84-348-5665-4
Depósito legal: M-35638-1997
Fotocomposición: Grafilia, SL
Impreso en España/*Printed in Spain*
Brosmac - Ctra. de Villaviciosa de Odón a Móstoles, km 1 - Madrid

Prólogo

Aquí te entrego un regalo: mi libro.

Es un libro sencillo, cargado de ilusión y de ratos buenos.

Pretende ser una varita mágica. Sí, tu varita mágica. Desea ayudarte a convertir esas monótonas y largas tardes de lluvia en unas agradables veladas, y los aburridos e interminables viajes, en unos trayectos rumbo a la fantasía.

Va dirigido a vosotros: maestros y maestras, padres y madres, monitores de tiempo libre, adultos entusiasmados con el mundo infantil..., en definitiva, EDUCADORES que estén convencidos de que los verdaderos protagonistas del juego son los niños y estén dispuestos a facilitarles condiciones de juego, a ser sus ayudantes.

El juego es un valor en sí mismo: es fuente de placer y diversión y a la vez contribuye unas veces a adquirir, otras a afianzar, valores importantísimos para el desarrollo del ser humano como son la aceptación de sí mismo y de los demás, respetándose y admitiendo las diferencias como otra fuente de enriquecimiento y diversión: la solidaridad, la comunicación afectiva, la tolerancia, la toma de conciencia de ser miembro activo de una comunidad...

Además, el juego favorece el aprendizaje, desarrollando facultades físicas (dominio psicomotor, expresión gestual y verbal...) y psíquicas (evita y canaliza niveles no adecuados de ansiedad, progresa en la tolerancia a la frustración, fomenta la creatividad, la expresividad personal, evoluciona en el abandono del egocentrismo...) que le llevarán a potenciar su autoestima y confianza en sí mismo. En definitiva; a poseer una personalidad sana y equilibrada.

En este libro los juegos se presentan ordenados alfabéticamente para facilitar su localización.

Sin embargo, están clasificados siguiendo dos criterios: a) situación en la que se realizan (viajes y días de lluvia) y b) número de participantes (parejas, pequeño grupo -hasta cinco componentes- y gran grupo -más de cinco-). Además, junto a la explicación de cada juego se inserta una ficha descriptiva del mismo muy clara que facilita la elección en breves segundos.

Es una colección de juegos primordialmente de transmisión oral. Se ha intentado recoger entre ellos los populares, que unen generaciones y dan perspectivas de pasado y futuro al individuo.

Me alegraría que muchas de tus expectativas e inquietudes se vean contempladas en este libro y te animo a jugar porque... «a vivir se aprende jugando».

Mil besos.

Ana Serna,

la autora

Juegos con la *A*

[12]

- Viajes y días de lluvia
- Pareja, pequeño y gran grupo
- No precisa material

Abecedario de animales

Los niños se sientan formando un corro. El primer niño ha de decir el nombre de dos animales cuyo nombre empiece por la letra «A».

El niño siguiente, el de la derecha, ha de decir el nombre de dos animales que empiecen por la letra «B», el tercer niño con la «C», etc. Aquellos que al llegar su turno no sepan contestar, son eliminados, hasta que quede un solo vencedor.

Otras variantes del juego son decir nombres de cosas, plantas, oficios...

- Viajes y días de lluvia
- Pareja, pequeño y gran grupo
- No precisa material
- Popular

Adivinanzas

Una buena forma de pasar los días de lluvia o hacer que los viajes resulten más cortos es «adivinando adivinanzas».

En un principio se puede empezar por decir alguna muy facilita, para que aquellos que sean más inseguros logren quitarse el miedo, y después dejar que cada uno «lance» aquellas que sepa. Si son muchas, podríamos agruparlas por temas. Por último, pasaríamos a «inventar adivinanzas»; ya veréis como resulta un juego aún más divertido.

A modo de ejemplo facilón, ahí quedan éstas:

«Una señorita
muy enseñorada
que siempre va en coche
y siempre va mojada.»
(La lengua)

«Oro parece,
plata no es,
el que no lo adivine
bien tonto es.»
(Plátano)

«Este banco
está ocupado
por un padre y por un hijo.
El padre se llama Juan,
y el hijo ya te lo he dicho.»
(Esteban)

- Viajes y días de lluvia
- Pareja, pequeño y gran grupo
- Precisa material

El ahorcado

MATERIAL:

Papel y lápices o una pizarra y tizas.

Un niño pensará una palabra y escribirá sobre el papel la primera y la última letra de la misma, a la vez que pondrá tantos guiones como letras la componen. El resto de los participantes irá alzando la mano para decir letras. Si las acierta, el niño encargado las irá poniendo en su lugar. Si la letra es errónea, este mismo niño irá realizando cada uno de los trazos del ahorcado (cuatro para la horca y seis para el ahorcado).

Si algún niño adivina la palabra, pregunta:

«¿Puedo resolver?». Si acierta, él será el que invente la nueva palabra. Si no adivinan la palabra y se consigue completar la figura del ahorcado, el niño que eligió esa palabra elegirá otra de nuevo hasta que alguien la adivine y ocupe su lugar.

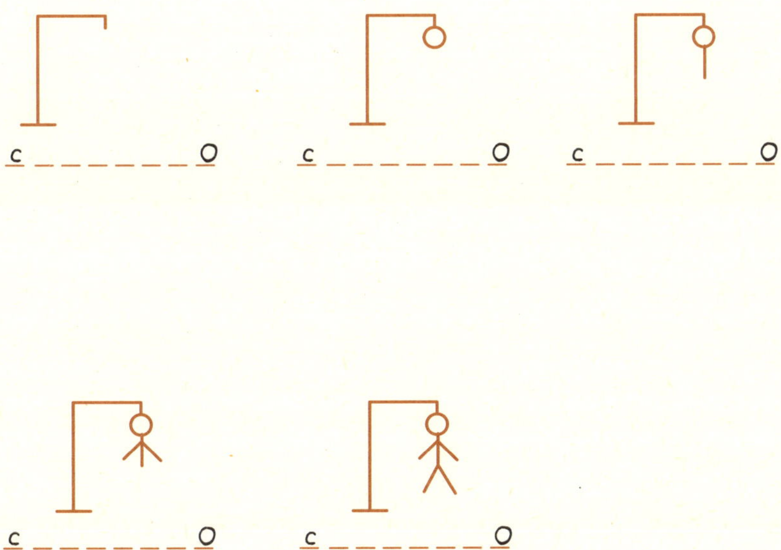

• Viajes
• Gran grupo
• No precisa material

Alguien robó el pan de la casa de san Juan

[18]

Este juego suele ser muy entretenido si hay un gran número de participantes.

Los niños se distribuyen como quieran en el espacio.

El director del juego comienza a cantar:

«... (dice el nombre de un niño) robó pan de la casa de san Juan.»

El niño, al oír su nombre, contesta cantando: «¿Quién, yo?»

«Sí, tú», le contesta el grupo.

«Yo no fui», añade.

«Entonces, ¿quién?», le pregunta el grupo de nuevo.

«… (el niño dice el nombre de otro compañero.)»

En ese momento el grupo comienza la canción de nuevo diciendo el nombre que acaba de oír: «… robó pan de la casa de san Juan»…

El juego se acaba cuando ya se han dicho todos los nombres de los participantes o cuando se cansan.

- Viajes y días de lluvia
- Pareja, pequeño grupo
- No precisa material
- Popular

Amontonar manos

Los niños se colocan alrededor de una mesa o alrededor del director del juego, que pone su puño izquierdo sobre la mesa o sobre sus propias piernas. El de al lado pone su puño encima, y así todos los niños hasta que han colocado todos los puños izquierdos; entonces, el director del juego coloca su puño derecho, y por orden los demás. Cuando se ha hecho una torre de puños, el puño que está debajo de todos se pone arriba y así lo hacen los demás participantes, hasta que alguien se equivoca.

Otra variante del juego es usar las manos extendidas en lugar de los puños.

Antón Pirulero

MATERIAL:

Una prenda

por cada jugador.

Cada niño elige interpretar un instrumento musical y después comienzan a cantar todos juntos la canción:

«Antón, Antón, Antón Pirulero,
cada cual, cada cual,
que atienda su juego,
y el que no lo atienda
pagará una prenda.»

Cuando se canta «que atienda su juego», cada niño deberá representar que toca el instrumento elegido, y si no lo hace, pagará una prenda. La canción se vuelve a repetir hasta que se queden sin prendas todos y haya un vencedor.

La araña

El jugador al que le ha tocado ser «la araña» se sentará en el centro del juego.

La araña puede hacer gestos, ruidos, asustar, pero nunca moverse de su sitio. El resto de los jugadores se acercarán a ella, pero a gran velocidad para que no les atrape.

Cuando la araña consigue coger a un niño, éste debe quedarse quieto a su lado; desde ese momento será su aliado y ayudará a atrapar a otros jugadores, así hasta que no quede ningún jugador libre.

Autorretrato

MATERIAL:

Folios, papel celo, pinturas de colores (o en su lugar una pizarra de plástico blanco y rotuladores apropiados) y un pañuelo para vendar los ojos.

En este juego pueden participar todos los niños que lo deseen, pero es conveniente que lo hagan uno tras otro para que puedan intervenir los que están de espectadores.

A uno de los niños se le vendan los ojos y se le da un color o un lápiz para que dibuje sobre un folio su cara. Los espectadores pueden guiarle mediante palabras.

Juegos con la B

[26]

El baile de los números

MATERIAL:

Cartones con números y cintas para colgarlos alrededor del cuello y un casete con música.

Se forman dos grupos de niños. A cada uno de los grupos se les sitúa uno frente a otro pero dándose la espalda. El director del juego colgará a cada niño un cartel con un número. Se pondrá música y ellos bailarán, pero sin desplazarse de su lugar. Cuando el director pare la música, ambos grupos se pondrán cara a cara y buscarán al niño que tiene el mismo número que ellos, se darán la mano y se sentarán rápidamente en el suelo. Los últimos en encontrar a su pareja serán eliminados.

El juego continúa de nuevo. El director recogerá los números, separará los de la pareja eliminada y los repartirá otra vez, al azar, entre los niños participantes, y comienzan a bailar al son de la música.

El juego termina cuando una pareja consiga quedar sola en la pista.

La bolera

MATERIAL:

Botellas de plástico vacías y una pelota de goma o de espuma.

Se colocan las botellas al fondo de la habitación. En la pared de enfrente se sitúa el jugador con la pelota en la mano y la lanza sobre las botellas. El director del juego anota cuántas botellas derriba cada jugador. Gana aquel que consigue en el mismo número de tiradas derribar mayor cantidad de botellas.

Buscando, buscando...

MATERIAL:

Una pelota.

El director del juego expresa la orden de búsqueda que desee. Por ejemplo: «Busca alguna cosa que se encuentre dentro del armario» o «Busca alguna cosa que esté detrás de las sillas»... Seguidamente lanza la pelota a un jugador y éste va en su búsqueda, mientras que el resto de los jugadores cuenta a coro hasta diez. Cuando lo encuentra, lo enseña al grupo, lanza la pelota al director y recibe un aplauso. Si no lo encuentra antes de llegar a diez, lanzará la pelota al director y se sentará en su sitio de nuevo. Entonces, el director volverá a comenzar de nuevo el juego.

[32]

Juegos con la C

- Viajes y días de lluvia
- Pareja, pequeño y gran grupo
- No precisa material
- Popular

Canciones

Un buen momento para aprender canciones son los viajes o los días de lluvia. Ésta es una actividad que siempre aceptan de buen grado los niños.

Para viajes:

«Ahora que vamos despacio,
ahora que vamos despacio,
vamos a contar mentiras, tralará,
vamos a contar mentiras, tralará,
vamos a contar mentiras.

Por el mar corren las liebres,
por el mar corren las liebres,
por el monte, las sardinas, tralará,
por el monte, las sardinas, tralará,
por el monte, las sardinas...»

Otra podría ser:

> «Al coche de mi padre se le ha pinchado una rueda.
> Al coche de mi padre se le ha pinchado una rueda.
> Al coche de mi padre se le ha pinchado una rueda.
> La arreglamos con chicle.»

La primera vez cantamos la estrofa entera. La segunda sustituimos la palabra «coche» por «rrrrrrr»; la tercera, además de coche, sustituiremos la palabra «padre» haciendo un gesto de unos bigotes, luego la palabra «pinchado» por el sonido «sssssssssss», más tarde «rueda» por la mímica de una rueda con las manos, y por último «chicle» por el sonido «ñam, ñam» simulando estar masticando.

Los niños que al cantar la canción no hagan los gestos o sonidos convenidos quedan eliminados.

Para días de lluvia:

> «¡Que llueva, que llueva!
> La Virgen de la Cueva.
> Los pajaritos cantan.
> Las nubes se levantan.
> ¡Que sí, que no!
> ¡Que caiga un chaparrón!
> ¡Con azúcar y turrón!
> ¡Que se rompan los cristales

de la estación!
¡Y los míos no!»

Después de la canción se comienza a hacer el sonido de la lluvia con los dedos de la mano. Primero golpeando pausadamente el dedo índice de la mano derecha sobre la mano izquierda (los zurdos lo harán a la inversa); luego el índice y el medio; después el índice, medio y anular; más tarde añadimos el meñique y aumentamos la velocidad, y por último lo hacemos muy, muy deprisa con la mano entera. ¡Vaya chaparrón! Después comenzamos con los cinco dedos y vamos disminuyendo la velocidad a la vez que vamos reduciendo dedos (cinco, cuatro, tres, dos, uno) y ¡Ha salido el sol!

Otra canción puede ser repetir durante cinco o seis veces la siguiente estrofa:

> «Yo sé, yo sé,
> yo sé la manera,
> de dar, de dar,
> la lata a cualquiera.»

Podemos continuar con canciones populares con una pizca de humor... Terminaremos con aquellas que los niños pidan cantar.

Carreras de huevos

MATERIAL:

Cucharas soperas, huevos (preferiblemente duros para evitar disgustos) o patatas pequeñas.

Los participantes pondrán sus manos juntas a la espalda y sujetarán con la boca una cuchara que sostiene un huevo o una patata. Cuando se dé la señal de salida, ellos tendrán que llegar al lugar señalado como meta lo antes posible, pero sin que se les caiga el huevo o la patata, porque quedarían descalificados.

Carreras de parejas unidas por los pies

MATERIAL:

Cintas o lazos del pelo de aproximadamente un metro y medio de largo.

Se forman parejas. Con una cinta o lazo del pelo se ata el tobillo derecho de un niño al tobillo izquierdo de su compañero.

Situados todos en la línea de salida, cuando el director del juego realice la señal convenida, comenzarán a correr hacia la meta intentando llegar los primeros; para ello tendrán que coordinar sus movimientos.

- Días de lluvia
- Gran grupo
- Precisa material
- Popular

Carreras de sacos

MATERIAL:

Sacos grandes en los que se puedan meter los jugadores.

Cada niño de mete dentro de un saco, que ha de sujetar con las manos a la altura de la cintura. Cuando el director del juego dé la señal de salida, los niños comenzarán a correr hacia la meta para llegar los primeros. Conviene indicarles que la mejor manera de correr metido en un saco es saltando con las piernas juntas. Si se cayeran durante la carrera, deben intentar levantarse y continuar, ya que las caídas no son motivo de eliminación.

Los cazafantasmas

MATERIAL:

Tantas linternas como jugadores.

Es un juego de escondite, que se juega en completa o casi completa oscuridad. Un jugador hará de fantasma, con una vieja sábana blanca encima y agujeros para los ojos y la boca. Con todas las luces apagadas, el fantasma se va a otra habitación para esconderse. Los cazafantasmas, por turno, deben «cazar al fantasma» encendiendo una linterna e iluminándolo directamente en la cara. Si el haz de luz de la linterna no da en el blanco, hay que apagarla inmediatamente.

Los colores

MATERIAL:

Tres prendas por cada jugador.

Los jugadores, por turno, nombrarán las cosas que vean del color elegido por el director del juego. El que ya no encuentre ningún objeto de ese color, paga prenda y se vuelve a comenzar el juego con otro color.

El cordel

MATERIAL:

Una lana o cordel grueso de algodón de aproximadamente un metro y medio de largo.

Los niños se agrupan por parejas o en grupos de tres, guardando un turno riguroso. El juego consiste en hacer figuras geométricas con la cuerda atada en sus extremos, utilizando únicamente las manos.

Sigue los dibujos para comenzar:

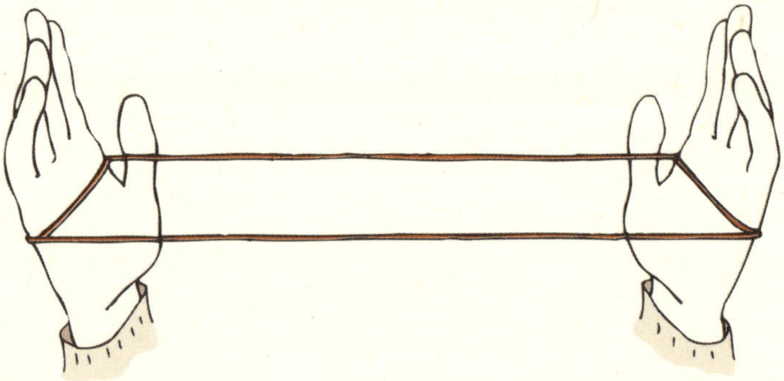

1

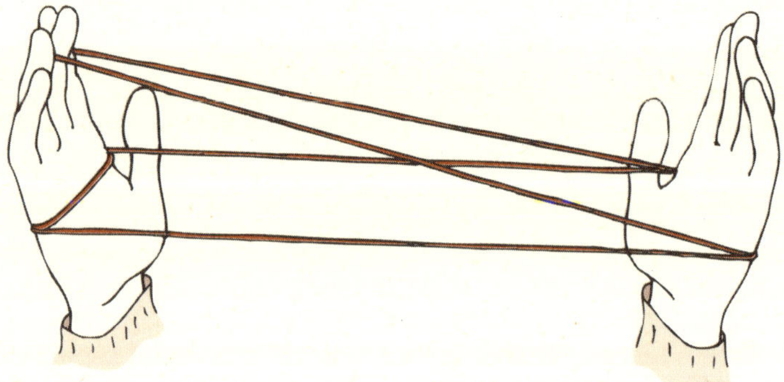

2

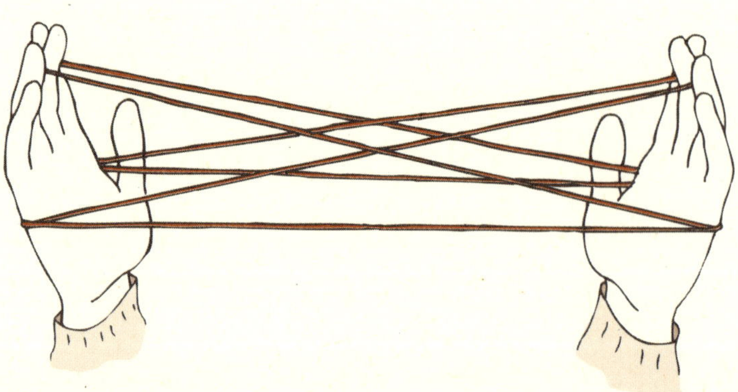

3

• Días de lluvia
• Pequeño grupo
• No precisa material
• Popular

Las cuatro esquinas

Se sitúan cuatro niños en cada una de las cuatro esquinas de una habitación. En el centro hay un niño que intentará atrapar a alguno de ellos cuando cambien de lugar.

Los niños que están en las esquinas, mediante gestos y señales, esperarán el momento en que el niño del centro esté distraído para moverse.

El niño que sea atrapado «la ligará» y se situará en el centro. El juego continúa hasta que los participantes se cansen.

- Viajes y días de lluvia
- Pareja, pequeño y gran grupo
- No precisa material
- Popular

Cuentos tergiversados

Otra actividad que les encanta a los niños es la de los cuentos tergiversados.

El adulto comienza contando un cuento tradicional, requetesabido por todos, al que le introduce enormes disparates como por despiste. Los niños, cada vez que detectan una equivocación, le gritan: «No, no es así, te has equivocado». Entonces el adulto les pregunta: «¿Nooooo?, ¿no es así? Entonces, ¿cómo?». A lo que los niños responden la solución correcta. Y así se suceden equivocaciones tras equivocaciones hasta finalizar el cuento.

A los niños les resulta divertido el cuento disparatado así como la mala cabeza de su papá, su mamá, su profe..., en definitiva: el adulto. Y además les hace sentirse bien, útiles, listos, saber la solución y enseñársela al adulto despistado.

Se podría comenzar:

«Había una vez tres sardinas que decidieron hacerse cada una una casa para protegerse del lobo...» (Los tres cerditos)

Juegos con la *D*

[52]

- Viajes y días de lluvia
- Pareja, pequeño y gran grupo
- No precisa material
- Popular

De La Habana ha venido un barco...

Los jugadores se sientan formando un círculo; el director del juego comienza diciendo:

«De La Habana ha venido un barco cargado de cosas que empiezan por la letra...»

El niño que está a su derecha dice una palabra que empiece por esa letra, luego el siguiente, y así sucesivamente hasta que alguien falla. Entonces el director vuelve a decir : «De La Habana ha venido un barco cargado de cosas que empiezan por la letra...» El juego termina cuando un jugador consigue eliminar a todos.

¿De quién es este pie?

MATERIAL:

Una cortina o una sábana.

Los jugadores se quitan los zapatos y los calcetines y muestran sus pies durante un tiempo limitado al niño que hará de adivinador. Después éste saldrá de la habitación y el resto de los jugadores cambiarán de sitio y se cubrirán con la cortina o una sábana, dejando a la vista únicamente los pies descalzos.

Cuando entre el adivinador, identificará a cada jugador por sus pies.

Se contabilizarán el número de aciertos y otro ocupará su lugar.

Ganará el que haya cometido el menor número de errores en su predicción.

- Viajes y días de lluvia
- Pareja y pequeño grupo
- Precisa material

Descubriendo animales

MATERIAL:

Una pelota de gomaespuma.

Los participantes se colocan sentados formando un círculo. El director del juego es otro de los integrantes del mismo, que mientras dice esta frase: «Descubre animales de… (tierra, de mar o de aire)», lanza la pelota de gomaespuma a uno de los niños. Éste al recibirla nombrará un animal y volverá a lanzar la pelota al director, que a su vez la lanzará a otro niño.

Queda descalificado del juego aquel niño que no contesta o contesta erróneamente. Gana el que logra eliminar al resto de los participantes.

El detective

MATERIAL:

Las prendas de vestir de los jugadores.

Un jugador será el detective y observará durante unos minutos cómo van vestidos el resto de los jugadores y después se irá fuera de la habitación. Mientras, algunos se intercambian sus prendas de vestir. Cuando regrese el detective tiene que adivinar quiénes han cambiado sus ropas.

• Días de lluvia
• Pequeño y gran grupo
• No precisa material

Draculina

Los participantes se sitúan frente al director del juego y a los que hagan de espectadores.

El juego consiste en que una niña, «Draculina», mientras canta la canción que aquí se recoge, se acerca a los participantes, intentándoles chupar el cuello y hacerles reír. Si lo consigue, se pondrán a su lado y cantarán con ella para hacer reír a los demás.

Gana el que resista más tiempo sin soltar la carcajada.

El director del juego y los espectadores ayudarán a Draculina a descubrir a los «risueños».

«Draculina soy
medio loca estoy.
Todas las mañanas
de excursión me voy.
Sapos y culebras
para comer
y un litro de sangre
para beber.
Mi casa es un cementerio.
Mi cama, un ataúd.
Quien se ría
será como yo,
¡ju, ju, ju!»

Juegos con la E

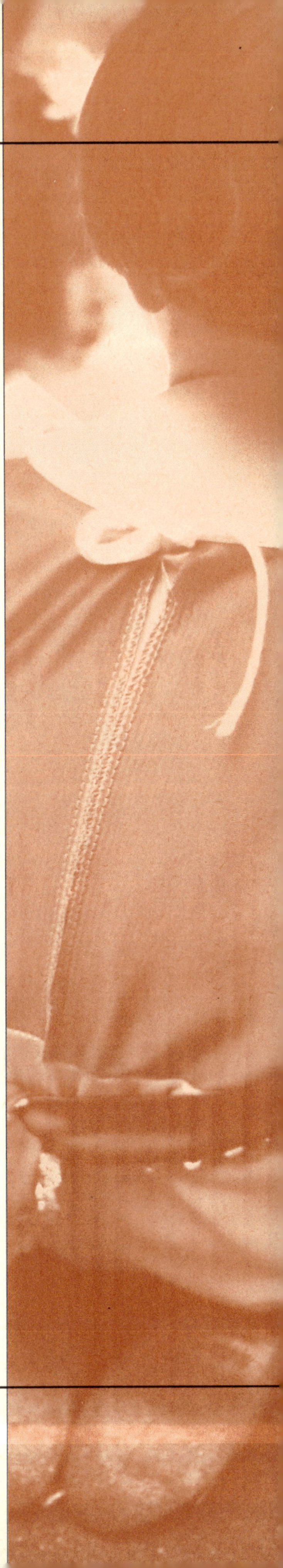

[62]

En busca de los zapatos perdidos

MATERIAL:

Tantos pañuelos como jugadores.

Todos los jugadores deberán quitarse los zapatos y dejarlos en el lugar indicado previamente. Después se les vendarán los ojos.

El adulto revolverá todos los zapatos. Cuando suene la señal, cada jugador deberá ir en busca de sus zapatos (derecho e izquierdo) y ponérselos correctamente. Cuando vuelva a sonar la señal, pasado un tiempo prudencial, cada jugador se quitará la venda de los ojos y mirará cómo está calzado. Ganarán aquellos que tengan sus propios zapatos.

La escoba

MATERIAL:

Una escoba.

El número de participantes será impar, de tal manera que al formar parejas de baile, uno quede sin pareja, que será el encargado de llevar la escoba. Cuando comience a sonar la música, todos bailarán. El que tiene la escoba la pasará a uno de los que estén bailando y ocupará su lugar. Mientras dure la música, la escoba puede ir pasando de mano en mano.

Pierde el que se quede con la escoba al terminar la canción.

- Días de lluvia
- Pequeño y gran grupo
- No precisa material
- Popular

El escondite

Un jugador, el que la liga, se coloca de cara a la pared y, con los ojos cerrados, debe contar hasta diez; mientras, los demás jugadores se esconden por la habitación. Cuando termina de contar dice:

«Ronda, ronda,
quien no se haya escondido
que se esconda,
que ya voy.»

Entonces busca a los demás jugadores, pudiendo dar hasta tres pasos grandes, en la dirección que quiera, separándose de la pared a la que llamamos «casa». En ese momento, los jugadores que estaban escondidos aprovechan para echar a correr hacia la «casa», procurando que el que la liga no les pille. Si lo consiguen, golpean la pared con la mano gritando:

«Un, dos, tres, salvado.»

Cuando el que la liga consigue pillar a un jugador, lo lleva hasta casa y éste será el que la ligue la próxima ronda.

Éste es mi pie

Los jugadores se colocan de pie formando un corro . Un niño, dirigiéndose al que está a su derecha, le dice: «Éste es mi pie», mientras señala otra parte del cuerpo. Siguiendo el corro, el siguiente nombra la parte del cuerpo que ha señalado el compañero anterior, mientras él señala cualquier otra, y así sucesivamente.

Juegos con la F

[70]

- Días de lluvia
- Pequeño y gran grupo
- No precisa material

Frío, caliente

Se elige a un niño, que tendrá que salir de la habitación mientras los demás esconden un objeto. Cuando ya está escondido, le avisan para que entre. Mientras que el niño se mueve por distintos puntos de la habitación, el resto de los jugadores le irán diciendo: «Frío, frío» si va en una dirección poco acertada, o «Caliente» si va por buen camino, y «Que te quemas, que te quemas» si está en el lugar donde se ha escondido el objeto. Cuando lo encuentra, lo enseña a todos y se elige a otro niño para que salga de la habitación y el juego comience de nuevo.

[72]

Juegos con la *G*

[74]

Una galleta traviesa

MATERIAL:

Galletas.

Se colocan los participantes uno al lado del otro y de cara al resto de los jugadores. El director del juego les reparte a cada uno de ellos una galleta. Cuando les da la señal, ellos comienzan a comerla a gran velocidad; el primero que trague debe intentar silbar.

El primer silbido tiene premio.

Las galletas

MATERIAL:

Tantas galletas como participantes, hilo y cordel.

Con una aguja enhebrada con hilo grueso, se traspasa una galleta dejando el hilo colgando unos 50 centímetros. Cuando ya hemos hecho esta operación en todas las galletas, atamos cada hilo a un cordel, que a su vez sujetaremos en dos paredes opuestas.

El director del juego colocará un niño detrás de cada galleta. Cuando dé la señal, cada participante comenzará a comer la galleta, sin utilizar las manos. Ganará el primero que la acabe.

La gallinita ciega

MATERIAL:

Un pañuelo.

Se elige a un jugador, al que se le vendan los ojos para que haga de gallinita ciega. El resto de los jugadores se colocan alrededor de él formando un círculo y le preguntan: «Gallinita ciega, ¿qué se te ha perdido?». A lo que él contesta: «Una aguja y un dedal». Entonces el grupo le responde: «Pues da tres vueltecitas y los encontrarás». El que hace de gallinita ciega da tres vueltas, mientras el resto de los jugadores a coro van contando: «Una, dos y tres». En ese momento la gallinita toca la cabeza, el pelo, la cara del jugador y dice un nombre. Si acierta deja de ser gallinita y el niño tocado ocupa su lugar.

Los granos de arroz deportistas

MATERIAL:

Granos de arroz, rotuladores, pajitas de refresco y tizas.

Previamente al comienzo del juego, se colorean los granos de arroz con unos rotuladores, después se reparte uno a cada participante acompañado de una pajita de refresco.

Todos los jugadores, que no conviene sobrepasen los seis por turno, se ponen de rodillas ante la línea de salida dibujada con tiza en el suelo y colocan su grano de arroz y la pajita en la boca.

Al dar la señal de partida, los jugadores deberán soplar a través de la pajita y empujarán así su grano de arroz hasta la meta. El primero en alcanzarla será el ganador.

El guardián de la campana

MATERIAL:

Una campana, una silla y un pañuelo.

Los jugadores, que con anterioridad se han quitado los zapatos, se sentarán en el suelo formando un círculo. En el centro se encontrará una silla y debajo de ella una campana. Se elige a un jugador para que sea el guardián de la campana. Se le vendan los ojos y se le sienta en la silla.

Un jugador cualquiera sale del círculo a cuatro patas procurando no hacer ruido e intenta robar la campana. Si consigue volver a su sitio sin que el guardián se dé cuenta, ocupa el lugar de éste. Si es descubierto por él, debe devolverla. Después otros compañeros seguirán intentando el robo.

Juegos con la *H*

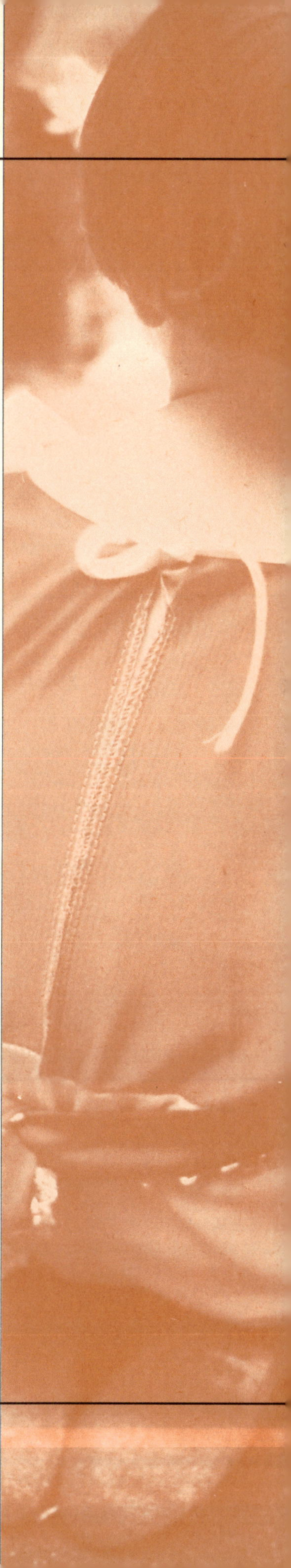

[84]

Haciendo palmas

Se forman parejas y se sitúa cada niño enfrente de otro. Al tiempo que cantan una canción, chocan y cruzan sus manos, gesticulan y dan palmadas, según un modelo estipulado.

Las canciones más conocidas para realizar este tipo de juego son:

«El verdugo Sancho Panza ¡za, za!
ha matado a su mujer ¡jer, jer!
porque no le da dine-e-ro
para irse, para irse al café ¡fe, fe!...»

«Soy el chino capuchino mandalín
chin, chin.
De la ela del palacio la iluchión
chon, chon.
Y pol sel de mi tamaño legular
chan, chan.
El mandalín chin, chin.
El mandalón chon, chon.»

• Días de lluvia
• Pequeño y gran grupo
• No precisa material

El hada mala y el príncipe azul

Se echan suertes y se elige a una niña para que sea el hada mala y a un niño para que sea el príncipe azul.

Los participantes se distribuirán por la habitación sin dejar de moverse. El hada mala los perseguirá y si consigue tocarlos los dejará dormidos al instante con sus poderes maléficos. Los niños a los que toque deberán cerrar los ojos y ponerse las manos sobre la cabeza. El príncipe azul puede romper el hechizo si les da un beso. Por esta razón, el hada también le persigue y si le pilla, se la considera la ganadora y comienza el juego de nuevo con otro príncipe azul y otra hada mala. Por el contrario, si el príncipe consigue besar al hada mala, será el vencedor.

Juegos con la

I

- Viajes y días de lluvia
- Pareja, pequeño y gran grupo
- No precisa material

Imitar, imitar, imitar

Cada niño elegirá en secreto uno o varios personajes para imitarlos. Éstos pueden ser: cantantes, artistas, humoristas, familiares, amigos, compañeros, maestros, etc.

Ganará el niño o niña que haya adivinado más personajes.

Inventores de juguetes

MATERIAL:

Cartulinas, alfileres, lápices, palitos, cajas de cartón, gomas, latas de bebidas vacías, cilindros de cartón de los rollos de papel higiénico y de papel de cocina...

Una actividad que suele causar asombro y diversión a los niños es la de inventor de juguetes. Es importante que los niños aprendan a reciclar y divertirse con juguetes hechos por ellos mismos. Las latas de refresco podemos forrarlas de cartulina, decorarlas y utilizarlas como huchas.

También podemos llenarlas de arroz o garbanzos y, adornadas, usarlas como maracas. Si con un abrelatas les quitamos la parte superior, pueden usarse como botes de lápices.

El molinillo

Recortamos un cuadrado de cartulina. Realizamos un corte en diagonal partiendo de cada una de sus esquinas sin llegar al centro. Unimos una esquina sí, otra no y las atravesamos con un alfiler que clavamos en un lapicero o un palo delgado.

[94]

Con los cilindros de cartón de los rollos de papel higiénico y de papel de cocina podemos hacer las figuras de un ajedrez entre todos los niños. Se colorean con témperas, rotuladores y se decoran con cartulinas. El tablero podemos dibujarlo sobre papel de embalar blanco.

Juegos con la J

[96]

Un juego de narices

MATERIAL:

Vinagre, colonia, una mandarina, ajos y pañuelos o bufandas para vendar los ojos.

Se eligen seis u ocho niños a los que se les vendarán los ojos. Se formarán tres o cuatro parejas. A cada pareja se le hará oler su fragancia y después se le frotará con ella en alguna parte de su cuerpo. Después se mezclarán las parejas y ellos sin hablar, solamente empleando el olfato, deberán encontrar a su compañero. Gana la pareja que se encuentre más rápidamente.

• Días de lluvia
• Pequeño y gran grupo
• No precisa material
• Popular

Jugando al corro

Los niños se colocan formando un círculo, unen sus manos y giran al son de una canción. A veces en el interior del corro se encuentra un niño, que luego elegirá a otro para que ocupe su lugar.

Los juegos más conocidos son:

«Al corro de la patata
comeremos ensalada,
lo que comen los señores,
naranjitas y limones.
¡Achupé, achupé,
sentadito me quedé!»

Al decir «¡Achupé, achupé», los niños se agachan, y al decir «sentadito me quedé!» se sientan en el suelo sin soltarse de las manos.

«El conejo no está aquí
ha salido esta mañana
a la hora de dormir.
¡Chimpún, ya está aquí!
Haciendo reverencias.
Tú besarás
a quien te guste más.»

Todos los niños giran en el corro mientras cantan la canción. Cuando dicen «¡Chimpún, ya está aquí! ... te guste más», se quedan quietos, separan sus manos y acompañándose de las palmas siguen cantando. En ese momento, un niño que se encontraba fuera, que hace de conejo, entra en el interior del círculo, elige a uno de los niños o niñas y le da un beso. El juego comienza de nuevo. El niño elegido permanecerá fuera del juego haciendo de conejo.

Juegos con la *K*

Los koalas

Se forman cinco parejas. Uno de los participantes de cada pareja hará de mamá-koala y el otro se subirá a su espalda y será el bebé-koala. Se situarán todas las parejas en la línea de salida y cuando el director del juego dé la señal comenzará la carrera; cuando lleguen a la meta, cambiarán rápidamente los papeles: el que ha hecho de mamá-koala hará ahora de bebé-koala y continuarán la carrera. La pareja-koala que llegue antes a la línea de salida será la ganadora.

[104]

Juegos con la

L

[106]

Un loco muy loco o el mundo al revés

Un niño será elegido «Un loco muy loco» y hará de director del juego. Dará órdenes a los demás jugadores y éstos deberán hacer todo lo contrario. Es decir, si él dice «De pie», todos deberán sentarse. Si ordena «Silencio», todos hablarán. Si manda «Caminad», los demás permanecerán quietos.

El «loco muy loco» será reeemplazado por alguien que falle y le obedezca.

Juegos con la *M*

[110]

Magia potagia

MATERIAL:

Bolígrafo, cuchara, papel, pimienta, sal, zumo de limón o de patata, coca-cola, una chistera.

El director del juego, después de ponerse la chistera de mago, puede hacer algunos sencillos e inofensivos trucos de magia; después puede invitar a los niños a que hagan otros que ellos conozcan y puede al final enseñar cómo se realizan.

Ejemplos de esos trucos pueden ser: electrizar un bolígrafo mediante el frotamiento y luego ver cómo quedan pegados los papeles a él. Lo mismo con una cuchara electrizada que separa la pimienta de la sal. Escribir con zumo de limón, de patata o coca-cola un mensaje que desaparecerá al secarse y que se podrá volver a leer si calentamos el papel.

Manzanas flotantes

MATERIAL:

Manzanas, barreños o cubos y agua.

La preparación del juego consiste en llenar unos barreños o cubos de agua e introducir en cada uno de ellos seis manzanas.

Cada jugador se colocará de rodillas delante de un cubo, con las manos atadas a la espalda. Cuando el monitor del juego dé la señal, cada niño intentará atrapar el mayor número de manzanas posibles con la boca. El juego termina cuando alguien consiga sacar las seis manzanas del agua. Pero como esto suele ser bastante difícil, a veces será necesario cronometrar el tiempo y el que más manzanas haya conseguido será el ganador.

Merendando chocolate

MATERIAL:

Tazas de chocolate, bizcochos, baberos y pañuelos para vendar los ojos, mesas pequeñas o pupitres.

Se coloca a los jugadores por parejas, de pie, uno enfrente del otro; entre ellos se encuentra la mesa o pupitre y sobre ella una taza de chocolate y un plato con tres bizcochos. A uno de los miembros de cada pareja se le vendan los ojos y al otro se le pone un babero y se le atan las manos a la espalda para que no las utilice.

Cuando el moderador dé la señal establecida

para comenzar, el jugador que tiene los ojos tapados cogerá un bizcocho, lo mojará en el chocolate e intentará introducirlo en la boca de su compañero para que éste se lo coma. Gana la pareja que antes acabe el plato de bizcochos. ¡Ah!, pero cada bizcocho ha de mojarse tres veces como mínimo para comérselo.

El modelado

MATERIAL:

Plastilina de diferentes colores.

El modelado, además de ser una excelente actividad para que el niño ejercite sus manos adquiriendo destreza, fuerza y sensibilidad, también es un estupendo entretenimiento para pasar divertidas tardes de lluvia.

Utilizando plastilina de diferentes colores podemos modelar figuras y construir un circo, un nacimiento, soldados, un zoo, una tienda de juguetes...

La momia

MATERIAL:

Cuatro rollos de papel higiénico por pareja.

Se forman cuatro parejas. Uno de los miembros de cada pareja se mantendrá inmóvil, con los brazos caídos a lo largo del cuerpo. Cuando el director del juego dé la señal de comienzo, el otro miembro de la pareja comenzará a envolver con papel higiénico a su compañero. El vendaje ha de ser lo más perfecto posible y no debe dejar ver ni ropas ni piel. La pareja que termine antes y realice un vendaje perfecto será la ganadora.

Juegos con la N

Ni sí, ni no, ni blanco, ni negro

Los jugadores se sientan en el suelo. Ante ellos, como si estuviera en un escenario, se encuentra el jugador que debe superar la prueba. El director del juego le hace preguntas, que él debe contestar con rapidez y en las que nunca debe pronunciar «ni sí, ni no, ni blanco, ni negro». Acaba el juego cuando se equivoca, o después de un tiempo establecido, quedando finalista si lo supera.

[122]

Juegos con la Ñ

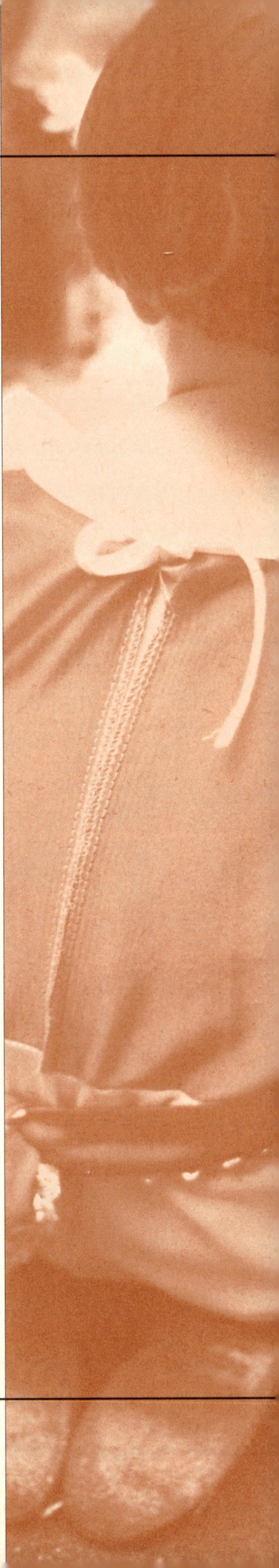

El ñandú

MATERIAL:

Diez cestas numeradas del uno al cinco y zanahorias.

Los jugadores se colocan en el centro de la habitación; todos deben tener las manos a la espalda y, al lado de cada uno habrá una cesta que tendrá un número. Cuando el director del juego dé la señal de comienzo, cada participante correrá a la velocidad del ñandú hasta otra cesta situada en la pared de enfrente, que también lleva su número. Allí cogerá con la boca una zanahoria (sin utilizar las manos, que continúan a la espalda) y la llevará corriendo a la otra cesta vacía que también tiene su número. Esto se repetirá tantas veces como se pueda durante cinco minutos. Ganará el participante que más zanahorias consiga meter en su cesta. Si la zanahoria se cae de la boca durante el recorrido, ya no tendrá valor y tendrá que coger una nueva. El resto de los niños se situarán a ambos lados del recorrido sin entorpecer la carrera. Pueden animar a los jugadores gritando sus números o sus nombres.

Juegos con la O

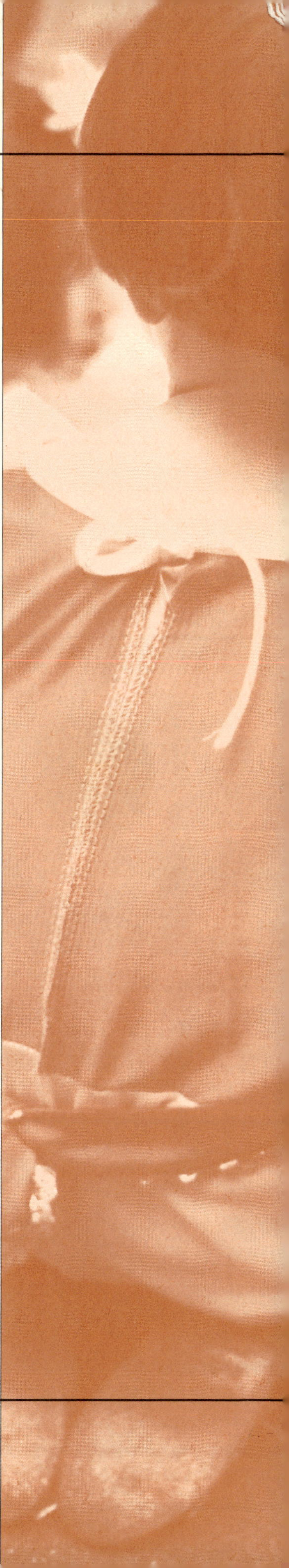

[128]

Los oficios

MATERIAL:

Una pelota.

Los jugadores se colocan en círculo. El director se sitúa en el centro y lanza la pelota a un niño a la vez que le dice un oficio. El jugador que recibe la pelota deberá nombrar un instrumento o herramienta que se utilice en esa profesión lanzando, a la vez, la pelota al director. Éste repetirá la operación tantas veces como desee.

[130]

Juegos con la P

[132]

- Viajes y días de lluvia
- Pareja y pequeño grupo
- No precisa material

Las palabras encadenadas

Los jugadores se colocan formando un círculo. Uno de ellos inicia el juego diciendo una palabra. Por ejemplo: «Cama». El siguiente continuará con una palabra que comience por la última sílaba de la palabra anterior (ejemplo: «Manada»). La próxima palabra empezará por «da» (ejemplo: «Dado»), y así sucesivamente, hasta que alguien falle y quede descalificado. Ganará el que elimine al resto de los participantes.

• Viajes y días de lluvia
• Parejas
• No precisa material
• Popular

Palmadas

Los jugadores se colocan de dos en dos, sentados uno enfrente del otro. Uno de los dos pone las palmas de las manos hacia arriba y el otro coloca las suyas hacia abajo sobre las del compañero. El que tiene las palmas de las manos hacia arriba tiene que aprovechar la mínima distracción de su pareja para palmearle las manos antes de que éste las retire. Si consigue palmearle, se cambian los papeles; si no, lo seguirá intentando.

- Días de lluvia
- Pequeño y gran grupo
- No precisa material

Pasando mensajes

Los jugadores permanecen sentados en el suelo, cogidos de la mano, formando un círculo. En el centro se encuentra un jugador, que es el que debe interceptar el mensaje.

El juego comienza cuando uno de los niños dice: «Paso un mensaje a... (nombra a uno de los jugadores)». A partir de ese momento, aprieta disimuladamente la mano de uno de los compañeros que tiene a su lado, y éste al siguiente hasta llegar al receptor.

Cuando llega a su destino, el receptor exclama: «¡Recibido!».

Si antes de llegar al receptor, el jugador del centro descubre a alguien pasando el mensaje, lo intercepta. El jugador del centro se sienta en el círculo y el que ha sido descubierto pasa al centro.

La pasarela

MATERIAL:

Libros.

El juego consiste en elegir cinco niños que harán de modelos. Los demás niños harán de espectadores y se situarán unos frente a otros dejando un pasillo en medio por donde pasará el desfile.

Cada modelo llevará sobre su cabeza un libro al desfilar. Si se le cae, queda descalificado. Si consigue desfilar con él sin que se le caiga, volverá a la pasarela con dos libros, luego con tres... Será ganador el que consiga eliminar a todos.

• Días de lluvia
• Gran grupo
• No precisa material
• Popular

Pase misí, pase misá

Se colocan dos niños, uno frente a otro, cogidos de las manos y con los brazos levantados formando un arco. Aparte, sin que nadie los oiga, cada uno elige una fruta, un color, o un animal... El resto de los niños se colocan en fila, cogidos por la cintura, y van pasando por debajo del arco cantando esta canción:

«Pase misí, pase misá,
por la puerta de Alcalá,
los de alante corren mucho,
los de atrás se quedarán.»

Al decir «se quedarán» los niños que estaban

con las manos unidas bajan sus brazos y atrapan al niño que en ese momento está pasando, y le preguntan en secreto cuál de las dos frutas, animales o colores prefiere. Luego continúa el juego hasta que no quede ningún jugador en la fila. En ese momento todos los que habían elegido lo mismo se agarran fuertemente de cada niño del arco y empiezan a tirar hacia atrás. Gana el equipo que logra arrastrar al otro.

Las películas

MATERIAL:

Trozos de papel y bolígrafo.

Se forman dos o más equipos con los niños. A cada equipo se les reparte tres títulos de películas famosas, o de programas de televisión, escritos en una papeleta.

Cada equipo ha de representar con gestos y mímica el título de la película sin decir una sola palabra.

Los otros equipos tratarán de adivinar las películas, y el equipo que más películas adivine será el ganador.

- Viajes y días de lluvia
- Pareja, pequeño y gran grupo
- No precisa material
- Popular

Piedra, papel, tijeras

Se juega por parejas. Con las manos se representan tres objetos. Puño cerrado significa piedra, mano abierta, papel, y los dedos índice y medio haciendo una uve, tijeras.

Los niños, poniéndose al pie de una escalera o en una baldosa determinada del suelo, esconden las manos detrás de su cuerpo y cuando dicen «piedra, papel, tijeras» sacan las manos a la vez representando con ellas alguno de los tres objetos. Si los dos sacan el mismo gesto, quedan empatados, y según el gesto que saquen ganará uno u otro. Las tijeras ganan al papel porque lo cortan, el papel gana a la piedra porque la envuelve y la piedra gana a las tijeras porque éstas al querer cortar se rompen.

El que gane, va subiendo peldaños o avanzando baldosas. El juego acaba cuando uno de los participantes llega a la «meta» establecida antes de comenzar a jugar.

El play-back

MATERIAL:

Discos o casetes de cantantes actuales, ropas para disfrazarse, maquillaje...

Cada uno de los participantes se vestirá con la ropa adecuada, será maquillado como el/la cantante o el grupo musical que haya elegido y después, al son de la música, hará el *play-back.*

Plegados de papel

MATERIAL:

Papel de periódico.

Con un periódico podéis pasar horas de entretenimiento con los pequeños. Partiendo de un papel plegado podemos desarrollar historias y juegos como veremos a continuación.

Pasos a seguir para realizar barquitos de papel:

1) Se dobla una hoja de papel de periódico por la mitad.

2) Se doblan las esquinas en ángulo desde el centro.

3) Los bordes que quedan deben doblarse por separado hacia arriba, uno a cada lado.

4) Se doblan los picos y se estira hacia fuera en la parte central.

5) Se doblan las esquinas hacia arriba y se tira hacia fuera la parte exterior de los ángulos.

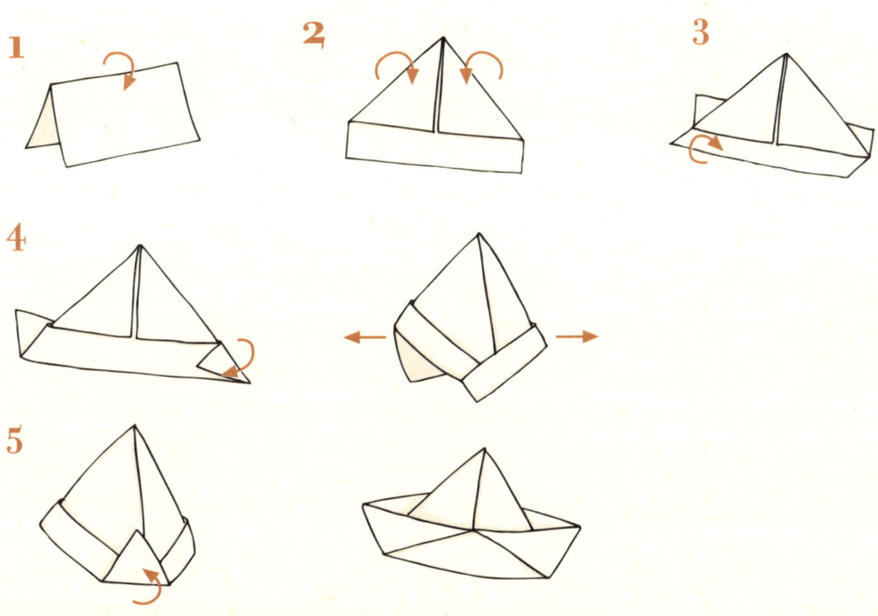

Conviene que el adulto encargado de dirigir el juego tenga soltura en la realización de barcos (haya practicado con anterioridad). Lo hará una vez ante los niños y luego lo irá haciendo simultáneamente de nuevo con los niños a una velocidad muy lenta. Cuando ya tengan todos su barquito de papel, pueden ponerlo a navegar en un balde grande o en una bañera, o en un lavabo o fregadero. Después, el adulto cogerá su barco de papel y les contará la siguiente historia:

«Una vez iba un barquito navegando por el mar.

Su capitán se quedó dormido y el barco se chocó contra una gran roca (al decir esto le rompe uno de los extremos del barco). A pesar del golpe, la embarcación continuó su viaje, pero el capitán volvió a quedarse dormido y... ¡plum!, se chocó con otra roca (le rompe el otro extremo). El capitán era tan tenaz que estas adversidades no le detuvieron y siguió navegando. Sí, este capitán era muy tenaz, pero también era muy dormilón y volvió a quedarse dormido y ocurrió lo inevitable: el barco volvió a encallar (ahora el golpe lo recibe en la vela) y esta vez se hundió, y

¿sabéis lo que quedó? (Ahora los niños dicen lo que se les ocurre, mientras él extiende el trocito de papel que ha quedado y lo muestra a todos): ¡La camiseta del marinero!»

Ponerle rabo al burro

MATERIAL:

Se puede utilizar una pizarra o en su defecto un trozo de papel grande, tizas o rotuladores, un pañuelo grande o bufanda, una cuerda con algo que pegue en el extremo.

El adulto o algún niño habilidoso dibujará en la pizarra o en el papel que estará sujeto a la pared un burro de gran tamaño al que le faltará el rabo. A continuación, saldrá un niño o niña, a quien se le dará una cuerda diciendo que es el rabo del burro. Posteriormente se le vendarán los ojos y se le hará girar sobre sí mismo. Después se le pedirá que coloque el rabo en su lugar correspondiente.

Las prendas

MATERIAL:

Una prenda elegida en secreto por cada jugador y colocada sobre el regazo del director del juego.

Todos los jugadores permanecen sentados en el suelo formando un círculo. El director del juego revuelve las prendas con los ojos cerrados y la cabeza hacia arriba, saca una prenda y pregunta a quién pertenece. El dueño de la prenda se levanta y se pone en el centro del círculo. El director del juego le da un encargo que debe realizar el jugador si quiere recuperar su prenda.

Juegos con la Q

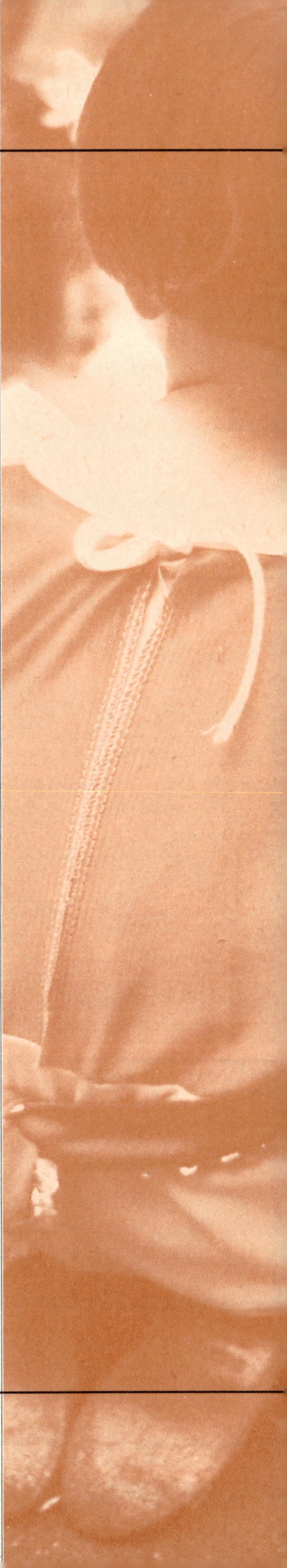

[154]

• Días de lluvia
• Pequeño y gran grupo
• No precisa material

¿Qué hacen los animales?

La primera vez conviene que el adulto dirija el juego, luego cualquier niño podrá hacerlo.

El director del juego dará órdenes y el resto de los jugadores deberán cumplir inmediatamente aquellas que sean correctas. Por ejemplo: «Perros, ladrad», «ranas, saltad», «gatos maullad», pero no deberán realizar las que sean erróneas como: «Peces, volad» o «pájaros, nadad»...

Van abandonando aquellos niños que se equivoquen, y cuando solamente quede uno, éste hará de director del juego que comenzará otra vez.

¿Qué has comprado en el mercado?

MATERIAL:

Objetos de la casa o la clase.

Los jugadores permanecerán de pie formando un círculo. El director del juego se situará en el centro del mismo, elegirá un objeto de los que se encuentren en el recinto sin fijarse demasiado en él para que los demás jugadores no sepan dónde se encuentra y dirá: «¡Listo!» para que los demás sepan que ya está preparado. Entonces todos, a coro, preguntarán : «¿Qué has comprado en el mercado?». Él responderá dando el nombre del objeto observado previamente. Todos los niños deberán ir a tocar el objeto y después volverán a su lugar con rapidez para que preguntas y respuestas se sucedan sin mediar apenas tiempo y, de esta manera, dar agilidad y diversión al juego.

¿Quién es el asesino?

MATERIAL:

Cada jugador elegirá un objeto personal o del entorno.

Entre todos los jugadores elegirán a uno para que sea el investigador, y el resto serán ladrones. Después le mostrarán rápidamente sus objetos personales.

El investigador se irá y mientras, uno de los ladrones es asesinado. El asesino deja su objeto personal encima del muerto.

Cuando el investigador vuelve, tiene que descubrir quién es el asesino.

¿Quién es quién?

MATERIAL:

Una sábana blanca

y un proyector o un flexo.

En una habitación a oscuras, se coloca una sábana blanca en el cerco de una puerta abierta. Dentro de la habitación se encontrarán los concursantes (pueden ser dos o tres) y un director de juego que controlará las respuestas dadas por éstos. Al otro lado de la puerta se encontrarán el resto de los niños con otro director de juego que irá colocando tras la sábana y delante del flexo a los niños uno a uno.

Los concursantes deberán adivinar de quién es la silueta proyectada. Ganará el que identifique a más compañeros.

• Días de lluvia
• Pequeño y gran grupo
• Precisa material

Quien fue a Sevilla... perdió su silla

MATERIAL:

Sillas, un casete o un tambor.

Se colocan las sillas formando un círculo hacia afuera. Alrededor de ellas, a una determinada distancia, se sitúan los participantes, que serán uno más que sillas preparadas.

El juego consiste en andar a paso ligero o correr alrededor de ellas, sin tocarlas ni rebasar la distancia convenida, mientras se escucha una música. Cuando ésta cesa de sonar de manera repentina, cada participante deberá sentarse en una silla vacía. Habrá uno que se quedará de pie. Ése estará eliminado, se apartará otra silla del círculo y volverá a sonar la música. Así hasta que sean todos eliminados y quede un único vencedor.

Quítame y dame

MATERIAL:

Dos sombreros, dos pares de calcetines, dos pares de guantes (todas las prendas de tallas de adulto) y una bufanda.

Se forman dos equipos de cinco jugadores cada uno y se colocan en fila india. Al primer jugador de cada equipo se le da un sombrero, una bufanda, un par de calcetines y un par de guantes. Cuando el director del juego dé la señal de comienzo, los primeros niños de cada fila se pondrán todas la prendas, luego se las quitarán y se las pasarán rápidamente a su compañero, y así sucesivamente. Vencerá el equipo cuyos componentes tarden menos tiempo en vestirse y desvestirse.

Juegos con la R

[166]

El ratón y el gato

MATERIAL:

Una pelota grande y otra pequeña.

Los jugadores se sientan en círculo. Un niño será el gato y recibirá la pelota grande. Otro, situado a tres o cuatro puestos de distancia, será el ratón y recibirá la pequeña. Cuando el director del juego diga: «Atrapa», el niño que hace de gato pasará la pelota grande rápidamente, de mano a mano, para alcanzar a la pelota pequeña (el ratón), que no parará de moverse huyendo del gato.

El juego termina cuando el gato atrapa al ratón, o cuando una de las pelotas cae; en ese caso, el encargado de esa pelota será quien pierda.

Ratones valientes

MATERIAL:

Un cascabel cosido a una cinta y tantos pañuelos como jugadores.

Se vendan los ojos a todos los jugadores excepto a uno, que hará de gato. A éste se le pondrá una cinta con un cascabel en el cuello. Los jugadores con los ojos tapados son los ratones valientes que intentan capturar al gato. El gato se desplazará sigilosamente entre ellos. Cuando algún ratón crea, por el sonido del cascabel, que el que tiene al lado es el gato, debe atraparlo y gritar:

«Gato». El jugador atrapado no puede escaparse. Entonces el adulto le dirá si ha acertado o no. Si hubiera muchos ratones valientes, se pondría algún gato más.

Juegos con la S

El saco de los juguetes

MATERIAL:

Un saco vacío y otro lleno de juguetes, papel y lápices.

Los niños se distribuirán por equipos. El director del juego irá sacando los juguetes de un saco y los irá mostrando a todos los equipos durante unos segundos. Luego, los meterá en el otro saco. Cada equipo dibujará o escribirá en un papel todos los juguetes que recuerde.

Ganará el equipo que logre recordar el mayor número de juguetes.

La serpiente

MATERIAL:

Una cuerda larga.

Uno de los participantes coge uno de los extremos de la cuerda y la agita como si fuera una serpiente. El resto deben saltar sin ser tocados por la cuerda. El que no consiga saltar y sea dado por ella, queda eliminado. Gana el que más dure sin ser atrapado por la serpiente.

Simón dice

Los niños se sitúan por toda la habitación, pero a la vista del director del juego, que será quien dé las órdenes. Algunas van precedidas de las palabras: «Simón dice», otras no. Los participantes no cumplirán más que los movimientos ordenados por Simón.

(Ejemplo: «Simón dice: salta», «Simón dice: pon un pie delante»... (Estas órdenes han de cumplirse); sin embargo, éstas no deben ser obedecidas: «Baila», «Anda a la pata coja»...)

• Días de lluvia
• Pareja, pequeño y gran grupo
• Precisa material
• Popular

Sombras chinescas

MATERIAL:

Una linterna o un flexo.

Otra forma de pasar una tarde divertida de lluvia es adivinar sombras chinescas, luego aprender a hacerlas e incluso inventar algunas nuevas.

En una habitación oscura, se coloca un flexo o linterna alumbrando una pared. Delante del flexo se colocarán las manos según se indica y en la pared saldrán las figuras deseadas.

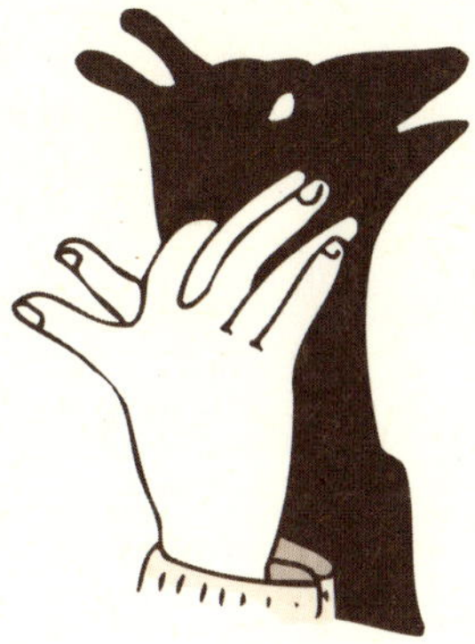

La sortija

MATERIAL:

Una sortija.

Los jugadores se colocan en círculo. Cada uno juntará sus propias manos (palma con palma). En el centro del círculo se encuentra otro niño que pone sus manos en la misma posición, teniendo entre ellas la sortija. Seguidamente va pasando sus manos entre las de los demás niños uno por uno y sin que nadie se dé cuenta deja caer la sortija en las manos de algún niño. Después de haber dado dos o tres vueltas pregunta a un niño en concreto: «¿Quién tiene la sortija?». Si lo adivina, será él quien pase la sortija; si no, continuará el juego el que lo estaba haciendo anteriormente.

[180]

Juegos con la T

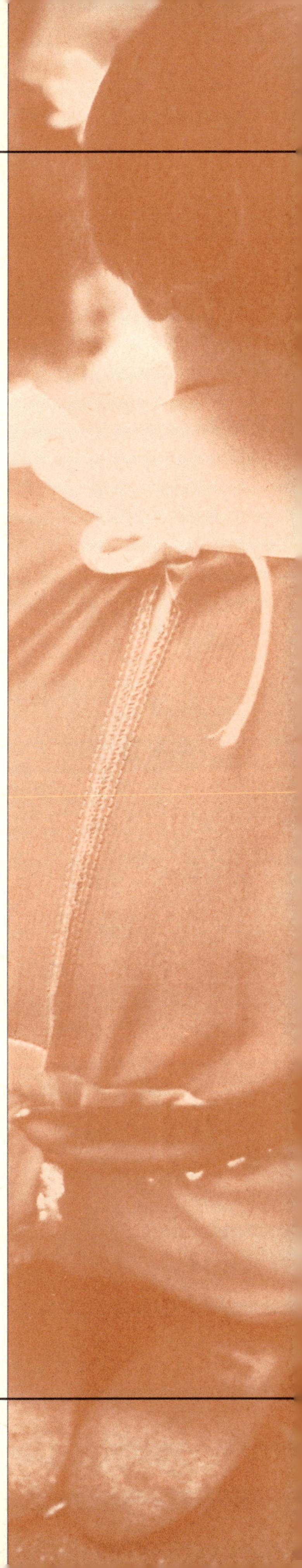

[182]

La tableta de chocolate

MATERIAL:

Una tableta de chocolate, un cuchillo, un tenedor, un plato y dos dados.

Los niños se sientan en el suelo formando un corro. En el centro del mismo se encuentra una mesa, y sobre ella un plato con una tableta de chocolate, un cuchillo y un tenedor.

Un niño cualquiera se levanta y lanza los dados. Si salen dos números iguales puede comer chocolate. Eso sí, ¡con cuchillo y tenedor! ¡Difícil tarea! Continuará comiendo chocolate hasta que otro niño consiga ocupar su puesto sacando dos números iguales en los dados. Los niños probarán su suerte por orden riguroso y lanzando los dados solamente una vez.

El juego finaliza cuando se acaba la tableta de chocolate.

Teatrillos

Otra forma de pasar la tarde es representando teatrillos. Los niños disfrutan muchísimo con esta actividad a la vez que afianzan su personalidad y mejoran su expresión.

Para motivarlos y buscar el tema se les puede leer o contar un cuento, o bien dejarles un tema libre. Es conveniente que antes hagan gestos: «Cara de miedo, de risa , de susto, de pena...», que ejerciten sus movimientos: «desmayarse, despertarse, andar de puntillas...» Después, entre todos, podemos inventarnos un teatrillo y luego ponerlo en escena. Unos pueden dedicarse a preparar decorados, otros la vestimenta, las luces, maquillaje...

- Días de lluvia
- Pequeño y gran grupo
- No precisa material
- Popular

El teléfono

[186]

Todos los participantes del juego se sentarán formando un círculo. Uno de ellos le dirá una palabra en secreto al que tenga a su derecha, que a su vez la repetirá al de su derecha, y así hasta que la palabra llegue al último. Entonces, éste dirá en alto la palabra que ha escuchado, que suele llegar tan distorsionada que no tendrá ningún parecido con la palabra original.

Otra variante del juego será decir una frase en lugar de una palabra.

- Viajes y días de lluvia
- Pareja; pequeño y gran grupo
- No precisa material
- Popular

Trabalenguas

Como su nombre indica, los trabalenguas son palabras o frases difíciles de pronunciar. Quizá por esa dificultad se utilizan como juego, para unos como un reto, para otros como motivo de gracia al escuchar las barbaridades que a veces se pueden articular. Además, forman parte de nuestro folclore y tradición popular.

«Un tigre,
dos tigres,
tres tristes tigres,
comen trigo
en un trigal.»

«Constantinopla de los
Constantinopolitanitos.»

Un juego podría consistir en inventar, en un tiempo determinado (unos minutos), un trabalenguas en el que se incluya el mayor número de palabras que empiecen por una letra determinada. El ganador será aquel jugador que consiga el máximo de palabras sin repetir ninguna.

«Ana Alonso amaba a Arturo Allende anteriormente amigo de Antonio Acuña, antiguo abad de Almansa.»

Juegos con la

U

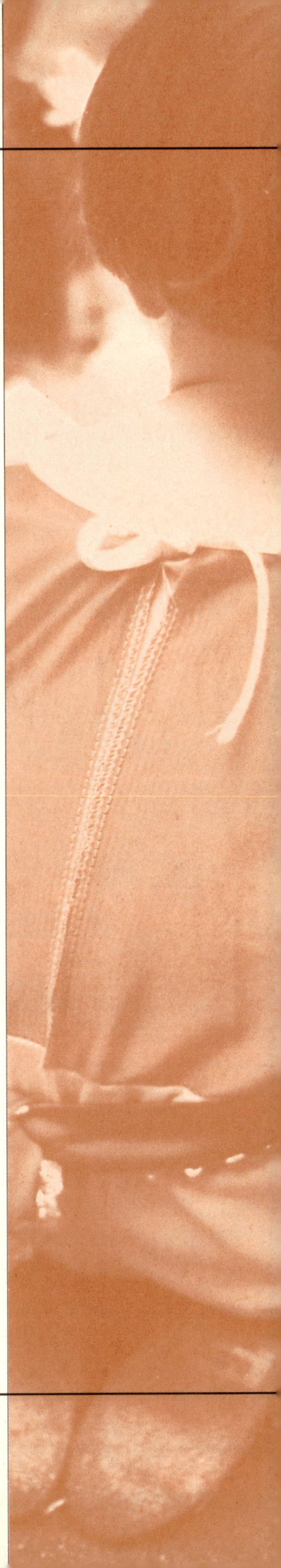

Un globo, dos globos, tres globos

MATERIAL:

Globos de diferentes colores y un casete con música.

Se distribuyen los niños por parejas. A cada niño se le ata un globo al tobillo. Suena la música y comienzan a bailar. El juego consiste en intentar explotar los globos de las otras parejas sin dejar de bailar y evitar que exploten los propios.

El juego termina cuando queda solamente una pareja en la pista con uno o dos globos, que es la ganadora.

[192]

Juegos con la *V*

[194]

Veo, veo

Uno de los niños piensa en un objeto que esté a la vista y empieza este diálogo con el resto de los jugadores:

–Veo, veo.
–¿Qué ves?
–Una cosita.
–¿Y qué cosita es?
–Empieza por la... (Cuando los niños conocen las letras se dice sólo la inicial; si no, se dice la primera sílaba.)

Si son niños muy pequeños se hará con colores o formas:

–Veo, veo.
–¿Qué ves?

–Una cosita.

–¿De qué color es?

–De color, de color...

O con formas:

–Veo, veo.

[196] –¿Qué ves?

–Una cosita.

–¿De qué forma es?

–De forma, de forma...

Juegos con la *w*

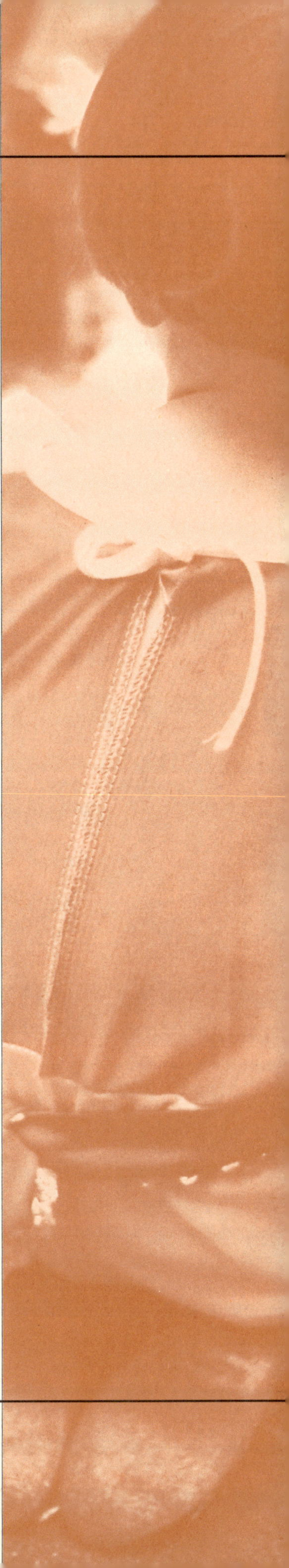

[198]

Walkie-talkie

MATERIAL:

Walkie-talkies, papel y lápiz.

Se forman dos equipos. A cada uno de los equipos se le da una hoja con el alfabeto morse, un *walkie-talkie*, papel y lápiz.

El equipo A permanecerá dentro de la habitación mientras que el B saldrá fuera de la misma. Pasados diez minutos cada equipo habrá anotado su mensaje y el «A» comenzará a transmitir primero ante la supervisión del director del juego. Cuando éste termine, comenzará el «B», que también será supervisado. Después de cinco minutos para deliberar, cada equipo da al director del juego los mensajes descifrados. El que acierte mayor número de palabras será el ganador. Nota: Entre cada letra se deja una pausa y tres pausas entre palabra y palabra. La LL se considera una «L» doble.

Alfabeto morse

A .–	E .–––	J .–––	Ñ ––.––	S ...	W .––
B –...	F ..–.	K –.–	O –––	T –	X –..–
C –.–.	G ––.	L .–..	P .––.	U ..–	Y –.––
CH ––––	H	M ––	Q ––.–	V ...–	Z ––..
D –..	I ..	N –.	R .–.		

Juegos con la X

El xilófono

MATERIAL:

Botellas de vidrio del mismo tamaño, agua, una cuchara.

Se colocan las botellas en línea y se las llena de agua a diferente altura, pero guardando siempre la misma proporción, formando una escala. Al golpear con la cuchara en el centro de cada botella podremos apreciar los diferentes sonidos, como si se tratase de un xilófono, e incluso podemos animar a que intenten interpretar alguna melodía sencilla.

1 2 3 4 5 6 7 8 9

"LEGO DIEGO"

Le - go | Die-go | que las | do - ce | dan - do es | tán
4 5 6 4 4 5 6 4 6 5 8

dan - do es | tán. | To - ca ya a mai | ti-nes | To - ca ya a mai | ti-nes
6 5 8 8 9 8 7 6 5 8 9 8 7 6 5

Don - din | don | don - din | dan.
4 1 4 4 1 4

Juegos con la

Y

El yoyó

MATERIAL:

Yoyós.

Todos los concursantes se sitúan en línea recta de cara al público y cuando el director del juego da la señal, ellos comienzan a bailar el yoyó. Al que se le pare el yoyó, o se detenga entre bailada y bailada, queda eliminado. El que más dure, será el vencedor.

Después, fuera ya de concurso, se puede hacer una exhibición de maneras de bailar el yoyó, así como de figuras y piruetas (la pistola, el perrito...). Los más expertos pueden enseñar al resto.

Juegos con la Z

Los zancos

MATERIAL:

Botes vacíos de conserva, cordel resistente.

Con botes grandes de conserva y un cordel resistente se fabrican unos zancos (dos por cada jugador). Cada participante se sitúa en la línea de salida y cuando se dé la señal, comienza la carrera. El ganador será aquel que llegue antes a la meta. Si algún jugador se cayera durante la carrera, debería volver a la línea de salida de nuevo.

La zapatilla

MATERIAL:

Una zapatilla.

Los jugadores se sientan en el suelo formando un círculo. El que la liga está de pie fuera del círculo con una zapatilla en la mano y va saltando «a la pata coja», mientras los que están sentados cantan:

«A la zapatilla por detrás, tris tras,
ni la ves, ni la verás, tris tras.
Mirar pa-rriba, que caen judías,
mirar pa-bajo, que caen garbanzos.
A dormir, a dormir, que vienen los Reyes Magos.»

Cuando cantan el último verso: «A dormir, a dormir, que vienen los Reyes Magos», el que la liga coloca con mucho cuidado la zapatilla detrás de uno de los que están sentados y se aleja de su lado. Cuando todos abren los ojos, tras haber contado hasta diez y mirar tras ellos, el que tiene la zapatilla a su espalda debe cogerla, levantarse e intentar capturar al que la liga antes de que éste consiga sentarse en el sitio que ha quedado libre. El que lleva la zapatilla puede pegarle con ella y librarse de ligarla; si no, él pasará a ligarla.

[214]

Otras ideas

[216]

[218]

[220]

Índice

Juegos para viajes

Abecedario de animales 13
Adivinanzas 14
El ahorcado 16
Alguien robó el pan de la casa
de san Juan 18
Amontonar manos 20
Canciones 35
Cuentos tergiversados 48
De La Habana ha venido un barco... 53
Descubriendo animales 56
Éste es mi pie 68
Haciendo palmas 85
Imitar, imitar, imitar 91
Ni sí, ni no, ni blanco, ni negro 121
Los oficios 129
Las palabras encadenadas 133
Palmadas 134
Las películas 140

Simón dice 175
Trabalenguas 187
Veo, veo 195

Juegos para días de lluvia

Abecedario de animales 13
Adivinanzas 14
El ahorcado 16
Alguien robó el pan de la casa de san Juan 18
Amontonar manos 20
Antón Pirulero 21
La araña 23
Autorretrato 24
El baile de los números 27
La bolera 29
Buscando, buscando 30

Canciones 35
Carreras de huevos 40
Carreras de parejas unidas por los pies 41
Carreras de sacos 42
Los cazafantasmas 43
Los colores 44
El cordel 45
Las cuatro esquinas 47
Cuentos tergiversados 48
De La Habana ha venido un barco… 53
¿De quién es este pie? 54
Descubriendo animales 56
El detective 58
Draculina 59
En busca de los zapatos perdidos 63
La escoba 65
El escondite 66
Éste es mi pie 68
Frío, caliente 71
Una galleta traviesa 75

Las galletas 76
La gallinita ciega 77
Los granos de arroz deportistas 79
El guardián de la campana 81
Haciendo palmas 85
El hada mala y el príncipe azul 87
Imitar, imitar, imitar 91
Inventores de juguetes 92
Un juego de narices 97
Jugando al corro 98
Los koalas 103
Un loco muy loco 107
Magia potagia 111
Manzanas flotantes 113
Merendando chocolate 115
El modelado 117
La momia 118
Ni sí, ni no, ni blanco, ni negro 121
El ñandú 125
Los oficios 129

Las palabras encadenadas 133
Palmadas 134
Pasando mensajes 135
La pasarela 137
Pase misí, pase misá 138
Las películas 140
Piedra, papel, tijeras 141
El play-back 143
Plegados de papel 144
Ponerle rabo al burro 149
Las prendas 151
¿Qué hacen los animales? 155
¿Qué has comprado en el mercado? 156
¿Quién es el asesino? 158
¿Quién es quién? 159
Quien fue a Sevilla… ¡perdió su silla! 161
Quítame y dame 163
El ratón y el gato 167
Ratones valientes 169
El saco de los juguetes 173

La serpiente 174
Simón dice 175
Sombras chinescas 176
La sortija 178
La tableta de chocolate 183
Teatrillos 185
El teléfono 186
Trabalenguas 187
Un globo, dos globos, tres globos 191
Veo, veo 195
El walkie-talkie 199
El xilófono 203
El yoyó 207
Los zancos 211
La zapatilla 212

Clasificación de los juegos según el número de participantes

PAREJAS

Abecedario de animales 13
Adivinanzas 14
El ahorcado 16
Amontonar manos 20
Canciones 35
El cordel 45
Cuentos tergiversados 48
De La Habana ha venido un barco... 53
Descubriendo animales 56
Haciendo palmas 85
Imitar, imitar, imitar 91
Inventores de juguetes 92

Magia potagia 111

El modelado 117

Ni sí, ni no, ni blanco, ni negro 121

Los oficios 129

Las palabras encadenadas 133

Palmadas 134

Las películas 140

Piedra, papel, tijeras 141

Plegados de papel 144

Sombras chinescas 176

Trabalenguas 187

Veo, veo 195

El walkie-talkie 199

El xilófono 203

El yoyó 207

PEQUEÑO GRUPO (HASTA CINCO JUGADORES)

Abecedario de animales 13

Adivinanzas 14

El ahorcado 16
Amontonar manos 20
Antón Pirulero 24
Autorretrato 24
La bolera 29
Buscando, buscando 30
Canciones 35
Los colores 44
Las cuatro esquinas 47
Cuentos tergiversados 48
De La Habana ha venido un barco... 53
¿De quién es este pie? 54
Descubriendo animales 56
Draculina 59
En busca de los zapatos perdidos 63
El escondite 66
Éste es mi pie 68
Frío, caliente 71
Una galleta traviesa 75
Las galletas 76

La gallinita ciega 77
Los granos de arroz deportistas 79
El guardián de la campana 81
El hada mala y el príncipe azul 87
Imitar, imitar, imitar 91
Inventores de juguetes 92
Jugando al corro 98
Un juego de narices 97
Un loco muy loco 107
Magia potagia 111
Manzanas flotantes 113
Merendando chocolate 115
El modelado 117
Ni sí, ni no, ni blanco, ni negro 121
El ñandú 125
Los oficios 129
Las palabras encadenadas 133
Pasando mensajes 135
La pasarela 137
Las películas 140

Piedra, papel, tijeras 141
El play-back 143
Plegados de papel 144
Ponerle rabo al burro 149
Las prendas 151
¿Qué hacen los animales? 155
¿Qué has comprado en el mercado? 156
¿Quién es el asesino? 158
Quien fue a Sevilla... ¡perdió su silla! 161
Ratones valientes 169
La serpiente 174
Simón dice 175
Sombras chinescas 176
La sortija 178
La tableta de chocolate 183
Teatrillos 185
El teléfono 186
Trabalenguas 187
Veo, veo 195
El walkie-talkie 199

El xilófono 203
El yoyó 207
Los zancos 211

GRAN GRUPO (MÁS DE CINCO JUGADORES)

Abecedario de animales 13
Adivinanzas 14
El ahorcado 16
Alguien robó el pan de la casa de san Juan 18
Antón Pirulero 21
La araña 23
Autorretrato 24
El baile de los números 27
La bolera 29
Buscando, buscando 30
Canciones 35
Carreras de huevos 40
Carreras de parejas unidas por los pies 41

Carreras de sacos 42
Los cazafantasmas 43
Los colores 44
Cuentos tergiversados 48
De La Habana ha venido un barco... 53
¿De quién es este pie? 54
El detective 58
Draculina 59
En busca de los zapatos perdidos 63
La escoba 65
El escondite 66
Éste es mi pie 68
Frío, caliente 71
Las galletas 76
El guardián de la campana 81
El hada mala y el príncipe azul 87
Imitar, imitar, imitar 91
Inventores de juguetes 92
Un juego de narices 97
Jugando al corro 98

Los koalas 103
Un loco muy loco 107
Magia potagia 111
Manzanas flotantes 113
Merendando chocolate 115
El modelado 117
La momia 118
El ñandú 125
Pasando mensajes 135
La pasarela 137
Pase misí, pase misá 138
Las películas 140
El play-back 143
Plegados de papel 144
Ponerle rabo al burro 149
Las prendas 151
¿Qué hacen los animales? 155
¿Qué has comprado en el mercado? 156
¿Quién es quién? 159
Quien fue a Sevilla... ¡perdió su silla! 161

Quítame y dame 165
El ratón y el gato 167
Ratones valientes 169
El saco de los juguetes 173
La serpiente 174
Simón dice 175
Sombras chinescas 176
La sortija 178
La tableta de chocolate 183
Teatrillos 185
El teléfono 186
Trabalenguas 187
Un globo, dos globos, tres globos 191
Veo, veo 195
El walkie-talkie 199
El xilófono 203
El yoyó 207
Los zancos 211
La zapatilla 212